COMMISSION DES RÉPARATIONS

II

ACCORDS

RELATIFS AUX

LIVRAISONS EN NATURE

A EFFECTUER

PAR L'ALLEMAGNE

AU TITRE DES RÉPARATIONS

LIBRAIRIE FÉLIX ALCAN

COMMISSION DES RÉPARATIONS

COMMISSION DES RÉPARATIONS

II

ACCORDS

RELATIFS AUX

LIVRAISONS EN NATURE

A EFFECTUER

PAR L'ALLEMAGNE

AU TITRE DES RÉPARATIONS

PARIS

LIBRAIRIE FÉLIX ALCAN

108, BOULEVARD SAINT-GERMAIN, 108

1922

ACCORD DE WIESBADEN

PROTOCOLE DU 6 OCTOBRE 1921

Les Gouvernements français et allemand, en vue de faciliter la reconstitution des régions dévastées se sont mis d'accord pour approuver et observer les dispositions du Mémorandum ci-joint et de son Annexe.

Il est stipulé qu'en cas de divergence entre les textes français et allemand du Protocole, du Mémorandum et de son Annexe, c'est le texte français qui fera foi.

En foi de quoi, les Soussignés dûment autorisés par leurs Gouvernements respectifs, ont signé le présent Protocole et paraphé le Mémorandum sus-visé et son Annexe.

Fait en double à Wiesbaden, le 6 octobre 1921,
Signé : LOUCHEUR. Signé : RATHENAU.

MÉMORANDUM DU 6 OCTOBRE 1921

Le Gouvernement allemand a manifesté sa volonté expresse de collaborer à la reconstruction des Régions

dévastées par des livraisons de matériel et de matériaux (1), dans la plus large mesure possible.

Le Gouvernement français a pris note de cette
déclaration, tout en faisant remarquer que la loi du
17 avril 1919, relative à la réparation des dommages
de guerre, ne lui permet pas d'imposer aux Sinistrés
Français un emploi déterminé de leur fonds, et que,
par suite, le présent Mémorandum ne saurait porter
novation à la loi.

En conséquence, il a été convenu de ce qui suit :

I

Il sera constitué, en Allemagne, un organisme de
droit privé, chargé d'effectuer les livraisons de matériel et de matériaux (1) qui pourraient être demandées par les Sinistrés français, constitués en Groupements dans la forme que déterminera ultérieurement
le Gouvernement français.

L'Annexe jointe au présent Mémorandum fixe les
règles auxquelles ces organismes devront se confor-
mer en ce qui concerne la fixation des prix et le mode
de règlement des marchandises.

(1) § 2 du P.-V. de Wiesbaden, 7 octobre :
M. Loucheur observe que l'expression « matériel et
matériaux » qui a été employée dans le Mémorandum et
son Annexe, n'exclut pas, dans sa pensée, des produits
quelconques destinés à la reconstitution des régions
dévastées tels que les produits agricoles et les produits
textiles.
M. Rathenau déclare qu'il interprète cette expression
de la même façon que M. Loucheur.

II

Le Gouvernement allemand expose que, dans le cas où, contrairement à la thèse qu'il a soutenue devant le Comité des Garanties, la Commission des Réparations déciderait que les livraisons effectuées en exécution des obligations contractées dans la Partie VIII du Traité de Versailles doivent être comprises parmi les exportations visées aux Articles 4 et 7 de l'État des Payements, il ne lui sera possible d'exécuter les stipulations du présent Mémorandum et de son Annexe, que si les dispositions des Articles 4 et 7 de l'État des Payements sont appliquées aux livraisons qui font l'objet dudit Mémorandum avec le tempérament suivant :

Le prélèvement de 26 o/o prévu à l'Article 4 et celui de 25 o/o que prévoit l'Article 7 ne seront effectués au cours d'une année quelconque pendant la période d'application du présent Mémorandum et de son Annexe que sur la valeur des livraisons portées la même année, au crédit de l'Allemagne et au débit de la France.

Le montant du prélèvement ainsi suspendu sera versé par l'Allemagne chaque année à partir du 1ᵉʳ mai 1926, à raison de, respectivement, 26 o/o et 25 o/o des sommes portées à son crédit ladite année au titre desdites livraisons.

En d'autres termes, les livraisons effectuées en application des dispositions du présent mémorandum, ne sont comprises chaque année dans le total des exportations allemandes, pour l'exécution des Articles 4 et 7 de l'État des Payements, que jusqu'à concurrence de la somme créditée.

Cette question étant de la compétence exclusive de la Commission des Réparations et du Comité des Garanties devra leur être soumise par le Gouvernement allemand. Le Gouvernement français appuiera auprès de ces deux organismes la demande du Gouvernement allemand.

III

Le Gouvernement français proposera à l'acceptation de la Commission des Réparations les autres dispositions du présent Mémorandum et de son Annexe qui pourraient la concerner.

IV

Les prestations prévues aux Annexes III, V et VI à la Partie VIII du Traité de Versailles continueront à être effectuées conformément à la procédure fixée par le Traité.

Le Gouvernement français déclare qu'il est disposé à accepter, en ce qui le concerne, l'application de la procédure prévue au présent Mémorandum et à son Annexe, par analogie avec les dispositions de l'Article 8 de l'Etat des Payements, pour autant que cette procédure permettra d'assurer dans de bonnes conditions les livraisons de matériel et de matériaux demandés pour la reconstruction des Régions dévastées, et réserve faite des commandes fermes passées au titre de l'Annexe IV avant la signature du présent document, qui continueront à s'exécuter conformément à la procédure de l'Annexe IV.

Il se réserve toutefois de revenir à ladite procédure, s'il le juge utile, sous préavis d'un an. Moyennant également un préavis d'un an qui ne pourra pas être notifié au Gouvernement français avant le 1er mai 1923, le Gouvernement allemand pourra dénoncer les arrangements intervenus en vertu du présent Mémorandum, en vue de revenir à la procédure de l'Annexe IV et de l'Article 8 de l'État des Payements.

Dans le cas où, sur l'initiative de l'un ou l'autre Gouvernement, il sera recouru à la procédure de l'Annexe IV et de l'Article 8 de l'État des Payements, le Gouvernement allemand renonce à invoquer une prescription quelconque au point de vue de l'exécution de l'Annexe IV, en raison des délais courus pendant la période d'application du présent Mémorandum.

Les dispositions de l'Article 8 de l'État des Payements qui ne concernent pas la restauration des Régions dévastées, ne sont pas touchées par le présent Mémorandum et son Annexe.

V

Le Gouvernement français et le Gouvernement allemand s'engagent à prendre les mesures nécessaires en vue d'exonérer les organismes dont la constitution est prévue par le paragraphe I du présent Mémorandum, des droits de timbre et d'enregistrement, et en général, de tous droits analogues qui pourraient éventuellement être exigibles à raison des actes qu'ils auront à passer entre eux en exécution de l'Annexe ci-jointe.

VI

Le Gouvernement français s'engage à prendre les dispositions nécessaires pour que les fournitures de matériel et de matériaux effectuées en exécution du présent Mémorandum et de son Annexe ne soient appliquées qu'à la reconstitution des Régions dévastées.

VII

L'application, le cas échéant, du paragraphe 18 de l'Annexe II à la Partie VIII du Traité de Versailles, ne pourra pas mettre obstacle à l'inscription au crédit de l'Allemagne, dans la forme prévue par l'Article VI de l'Annexe au présent Mémorandum, des sommes dues par F. à A.

De même, les stocks de marchandises que l'organisme privé mentionné à l'article premier aurait approvisionnés en France en vue de fournitures éventuelles et les fonds que cet organisme aurait constitués en France en vue de l'exécution des dispositions de l'Annexe au présent Mémorandum ne pourront être saisis en vertu du paragraphe 18 précité.

ANNEXE AU MÉMORANDUM

Entre F (1)
 d'une part;
Et A
 d'autre part,

 Il a été convenu de ce qui suit :

ARTICLE PREMIER

A s'engage à faire à F, si ce dernier le lui demande, toutes livraisons de matériel et matériaux qui seront compatibles avec les possibilités de production de l'Allemagne, avec les conditions de son approvisionnement en matières premières et avec ses nécessités intérieures, autant que cela sera nécessaire au maintien de sa vie sociale et économique, et cela à dater de la signature du protocole auquel est annexé le présent contrat (2).

(1) F représente la collectivité des sinistrés français, A représente l'organisme de droit privé allemand prévu au paragraphe 1 du Mémorandum.

(2) Extrait du P. V. de Wiesbaden, 7 octobre (§ 1er) :

M. RATHENAU, à propos de la disposition de l'Article 1er de l'Annexe au Mémorandum d'après laquelle les livrai-

Toutefois, sont exclus du présent contrat les produits spécifiés aux Annexes III, V et VI à la Partie VIII du Traité de Versailles.

La valeur cumulée des prestations que l'Allemagne fournira à la France en exécution des Annexes III, V et VI, et des livraisons qui seront faites par A à F en exécution du présent contrat, n'excédera pas sept milliards de mark-or pendant la période du 1er octobre 1921 au 1er mai 1926.

ARTICLE II

Il sera constitué, dès la signature du présent contrat, une Commission composée de trois membres, dont un Français et un Allemand, que F et A demanderont à leurs Gouvernements respectifs de désigner, et d'une troisième personne choisie d'un commun accord par les deux Gouvernements et dont le mandat sera limité à une durée d'un an. S'il n'y a pas accord sur le choix de cette troisième personne, la désignation en sera demandée au Président en exercice de la Confédération helvétique. La Commission pourra

sons doivent commencer à dater de la signature du Protocole de couverture, remarque qu'un certain délai sera nécessaire à l'Allemagne pour créer l'organisme chargé des livraisons. Il demande qu'il soit entendu que ces livraisons seront effectuées à partir du 1er décembre 1921, pourvu que la Commission des Réparations ait rendu sa décision avant le 25 octobre 1921 ; si cette décision est rendue après le 25 octobre, le délai sera prolongé au delà du 1er décembre du même nombre de jours.

M. LOUCHEUR se déclare d'accord.

s'adjoindre à titre consultatif tels experts qu'elle jugera utiles.

Les frais de la Commission et de ses services seront payés par A, mais débités à F, à concurrence de 5o o/o.

La Commission arbitrera toute contestation qui pourrait survenir entre les deux parties sur l'équitable possibilité pour A de satisfaire aux demandes de F, en tenant compte notamment des dispositions de l'Article premier.

Elle statuera sur toutes questions de prix, dans les conditions fixées par les Articles IV et V du présent contrat.

Elle tranchera tous différends qui pourraient survenir entre F et A, relatifs notamment aux conditions de transport, de livraison et de réception, etc., et d'une manière générale, à l'interprétation du présent contrat.

Les décisions de la Commission seront rendues à titre définitif.

ARTICLE III

Les produits seront de qualité loyale et marchande, et conformes aux dispositions des cahiers des charges ayant servi de base aux commandes, préparés dans les conditions et sous les réserves stipulées aux Articles I et II.

Sauf accords particuliers, les transports seront effectués par le mode de transport et suivant l'itinéraire qui seraient normalement adoptés comme les plus avantageux par l'expéditeur, si celui-ci avait à sa charge les frais de transport de bout en bout.

Les conditions de transport, livraison, réception, etc., seront conformes aux usages commerciaux.

ARTICLE IV (1)

Les prix du matériel courant et des objets en série seront déterminés par la Commission d'arbitrage d'après les principes suivants; ils ne seront toutefois appliqués aux commandes de F à A que dans les cas où une entente directe ne serait pas intervenue entre les deux parties :

Pour chaque nature et qualité de produits, la Commission fixera tout d'abord l'équivalent en mark-or du prix français d'avant-guerre (premier semestre 1914), au pair de 1 fr. 235 pour 1 mark-or.

Elle déterminera ensuite, au début de chaque trimestre du calendrier et pour le trimestre, un coeffi-

(1) Extrait du Procès-verbal de Wiesbaden du 7 octobre 1921 (§ 3) :

M. RATHENAU observe qu'il est important, pour que l'arrangement conclu reçoive son plein effet, que les sinistrés français aient intérêt à acheter et qu'à cet effet les prix ne soient pas tels que le sinistré français se trouve avoir à payer un prix sensiblement supérieur au prix intérieur français; il serait désirable que le Gouvernement français pût prendre à cet égard des mesures efficaces.

M. LOUCHEUR répond que le Gouvernement français procédera aux ajustements nécessaires.

cient applicable auxdites nature et qualité de produits et qui pourra varier d'une nature ou qualité de produit à l'autre. Ce coefficient sera tel qu'en l'appliquant aux prix en mark-or définis au paragraphe précédent, et en convertissant en francs le résultat obtenu, on obtienne une valeur égale aux prix normalement pratiqués à l'origine du trimestre, sur le marché intérieur français, pour les produits de nature et de qualité analogues, sous déduction :

a) des droits de douane,

b) des frais de transport.

La conversion en francs pour ce dernier calcul sera faite sur la base de la moyenne des cours officiels du dollar-or à la Bourse de Paris, pendant les quinze jours précédant l'origine du trimestre.

Les droits de douane à déduire seront déterminés en multipliant par le coefficient visé ci-dessus, les droits applicables en France à la date du 1er juillet 1914 à la nature et qualité du produit envisagé en provenance d'Allemagne. Toutefois, la déduction ne devra pas dépasser le montant des droits en vigueur à l'origine du trimestre, pour la marchandise envisagée en provenance d'Allemagne.

Les frais de transport à déduire seront établis forfaitairement sur la base des tarifs normalement appliqués sur les chemins de fer à l'origine du trimestre et pour la distance d'Aix-la-Chapelle-Saint-Quentin.

Les prix en mark-or, résultant de l'application aux

prix en mark-or de 1914 des coefficients déterminés comme il vient d'être dit, s'entendent gare frontière germano-belge ou franco-allemande, ou port du Nord de la France, jusques et y compris les ports de l'estuaire de la Seine.

Ils vaudront pour toutes les commandes passées au cours du trimestre pour lequel ils auront été établis.

Leur revision pour chaque trimestre sera effectuée en temps utile, et de manière à ne pas retarder la passation des commandes.

La première série de prix sera autant que possible établie avant le 1er octobre 1921, pour être appliquée aux commandes du dernier trimestre 1921; elle pourra être complétée rétroactivement s'il est nécessaire.

Dans le cas où les prix déterminés comme ci-dessus seraient inférieurs de plus de 5 o/o aux prix pratiqués en Allemagne, pour les mêmes produits, A aurait le droit de ne pas effectuer la livraison demandée (1). Toutefois, dans les espèces qui lui seront soumises par F, la Commission mentionnée à l'Article II décidera si les produits demandés ne peuvent être effectivement obtenus en Allemagne qu'à des prix supérieurs de plus de 5 o/o à ceux qui auront

(1) Extrait du Procès-verbal de Wiesbaden du 7 octobre 1921 (§ 4) :

En réponse à une question de M. Loucheur au sujet de la portée du dernier alinéa de l'Article IV, M. Rathenau explique que si le sinistré français est disposé à payer le prix intérieur allemand, il n'est pas douteux que A devra livrer le produit correspondant.

été arrêtés dans les conditions fixées par le présent article. Il est en outre stipulé que la valeur des fournitures dont le prix serait ainsi inférieur aux prix pratiqués en Allemagne, ne pourra dépasser 5 o/o de la valeur des livraisons effectuées pendant l'année considérée.

ARTICLE V

Les prix du matériel spécial, tel que machines ou installations industrielles, seront convenus par entente directe entre les demandeurs et les fournisseurs.

Dans le cas où, en ce qui concerne tel matériel spécial qui, en application de l'Annexe IV, aurait été compris dans les listes remises à l'Allemagne, l'entente directe ci-dessus n'aura pas été réalisée, le Gouvernement français pourra réclamer la livraison par l'intermédiaire de la Commission des Réparations, conformément à la procédure de l'Annexe IV.

ARTICLE VI

A déclare connaître les dispositions de l'État des Payements notifié au Gouvernement allemand par la Commission des Réparations le 5 mai 1921 et accepte de se considérer, sur avis de F, comme payé à due concurrence et à valoir sur les remboursements de l'année correspondante, par l'inscription d'une somme quelconque au crédit de l'Allemagne et au débit de la France dans les comptes de la Commission des Réparations. Dans ce cas, la simple notification faite par la Commission des Réparations au

Gouvernement allemand de l'inscription au crédit de l'Allemagne de la somme visée vaudra décharge de F par rapport à A, à due concurrence.

ARTICLE VII

Le règlement des livraisons faites par A à F sera effectué dans les conditions suivantes :

1° F donnera crédit à A d'un montant égal à 35 o/o de la valeur de celles effectuées au cours d'un mois dans la forme prévue à l'Article VI ci-dessus, sous réserve des dispositions des paragraphes 3° et 4° du présent Article et de l'Article XI ci-après (1).

2° Si au cours d'une année quelconque, à partir du 1er mai 1922, la valeur des livraisons effectuées par A à F, en vertu des dispositions du présent contrat, est inférieure à un milliard de mark-or, le pourcentage prévu au 1° ci-dessus, des crédits à donner par F à A sera élevé à 45 o/o.

3° Le total cumulé des crédits annuels ainsi donnés et des crédits annuels donnés par le Gouvernement français, en contre-partie des prestations reçues par

(1) L'alinéa supplémentaire suivant doit être intercalé ici (Lettre de M. Loucheur à M. Rathenau, en date de Wiesbaden 7 octobre 1921):

« Pendant les cinq premières années à dater de la mise en vigueur du présent contrat, F donnera crédit à A *de la valeur intégrale des premières livraisons* effectuées au cours d'une année quelconque, dans la forme prévue à l'Article VI, jusqu'à concurrence d'un montant de 32 millions de mark-or. »

la France au titre des Annexes III, V et VI à la Partie VIII du Traité de Versailles, ne dépassera pas un milliard de mark-or.

Si la valeur des prestations reçues par la France en exécution des Annexes III, V et VI du Traité, atteint ou dépasse un milliard de mark-or, au cours d'une année quelconque entre le 1er mai 1921 et le 1er mai 1926, aucun crédit ne devra être donné pendant l'année correspondante, par F à A, au titre des livraisons faites par ce dernier.

4° Les sommes dues par F porteront intérêt simple à 5 o/o l'an à partir du début du mois qui suivra celui de la livraison; la partie de ces sommes pour lesquelles le règlement prévu par les paragraphes 1° et 2° ci-dessus n'aurait pas été effectué sera remboursable par F dans les conditions fixées par les Articles VIII à XI ci-après, à partir du 1er mai 1926, et à raison de 10 o/o par an, plus les intérêts simples échus chaque année.

5° Les livraisons qui, nonobstant les dispositions de l'Article premier, auraient été effectuées entre le 1er octobre 1921 et le 1er mai 1926 au delà d'une valeur totale de sept milliards de mark-or, seront, dans le délai de trois mois, à partir du 1er mai 1926, payées à A dans la forme prévue à l'Article VI ci-dessus.

Article VIII

L'addition de la valeur des prestations en nature et des crédits qui seront donnés par F à A dans la forme prévue à l'Article VI ne devra pas dépasser un milliard de mark-or par an.

La réserve inscrite à l'Article XI s'applique au paragraphe ci-dessus.

ARTICLE IX

Le 1ᵉʳ mai 1936, on fera le compte des sommes restant dues à A, en raison des livraisons en nature effectuées depuis le 1ᵉʳ octobre 1921, pour lesquelles il ne lui aura pas été donné crédit; le solde sera remboursé à A, avec les intérêts composés à 5 o/o (1), en quatre semestrialités, les 30 juin et 31 décembre 1936, les 30 juin et 31 décembre 1937, sous réserve des dispositions de l'Article XI ci-après.

ARTICLE X

Le compte débit de A portera intérêts simples à 5 o/o l'an comme son compte crédit.

Dans le cas où des règlements auraient été effectués par F en excédent des limites fixées aux Articles VII, VIII et XI, l'excédent sera déduit des règlements à effectuer par F à A au cours de l'année suivante.

Au cas où la valeur à mettre en compte, en vertu

(1) Extrait du P.-V. de Wiesbaden, 7 octobre 1921 (§ 5):
« 5. Il est bien entendu que les intérêts composés à 5 o/o sur les sommes restant dues à A le 1ᵉʳ mai 1936, en raison des livraisons en nature effectuées depuis le 1ᵉʳ octobre 1921, pour lesquelles il ne lui aura pas été donné crédit, courront à partir de ladite date du 1ᵉʳ mai 1936. »

des dispositions du présent contrat pour les livraisons effectuées au cours d'une année quelconque entre le 1er mai 1926 et le 1er mai 1936 cumulée avec les annuités de remboursement à payer pendant la même période, atteindrait un montant supérieur à un milliard de mark-or, l'excédent sera reporté successivement sur chacune des années suivantes et réglé au cours de ces années dans la mesure où la valeur à mettre en compte pour les livraisons effectuées pendant l'une d'elles, cumulée avec l'annuité due, serait inférieure à un milliard.

Les dispositions ci-dessus sont soumises toutefois à la réserve inscrite à l'Article XI ci-après.

ARTICLE XI

Les règlements que F devra effectuer chaque année à A en application du présent contrat, ne dépasseront jamais un montant tel qu'en ajoutant ce montant aux règlements faits la même année par le Gouvernement français, en contre-partie des prestations reçues par la France au titre des Annexes III, V et VI à la Partie VIII du Traité de Versailles, on obtienne un total supérieur à la part de la France (52 o/o) dans les versements effectués par l'Allemagne ou à son profit ladite année, en payement de sa dette de l'année, tel que le définit l'Article 4 de l'État des Payements.

A partir du 1er mai 1936, A pourra ne pas effectuer les nouvelles livraisons qui lui seront demandées par

F, dans le cas où l'exécution de ces livraisons aurait pour effet de porter le crédit dû par F à A à un montant dépassant pour une année la limite fixée par le présent Article.

Article XII

F pourra à tout moment se libérer par anticipation.

DÉCISIONS DE LA COMMISSION DES RÉPARATIONS DU 31 MARS 1921

DÉCISION N° I

Arrangements spéciaux de comptabilité figurant dans des accords entre le Gouvernement allemand et des Puissances alliées individuellement.

1° Les arrangements de comptabilité, relatifs aux réparations, sont exclusivement régis par les dispositions des différents traités de paix et par les règles générales ou les décisions spéciales prises par la Commission des Réparations en vertu desdites dispositions.

2° La Commission des Réparations est néanmoins disposée, dans les cas où cela sera opportun, à prendre acte des arrangements spéciaux figurant dans des accords entre le Gouvernement allemand et des Puissances alliées individuellement, et à donner effet auxdits arrangements dans la mesure où ils affectent la comptabilité des réparations, sous les réserves suivantes :

a) Les dispositions de l'Article 248 et l'ordre de priorité de l'Article 251 du Traité de Versailles et les dispositions correspondantes des autres traités de paix, ne subiront aucune atteinte;

b) Il ne sera pas empiété sur les intérêts des autres Puissances ayant droit à réparations;

c) Les dispositions générales édictées par les traités et par la Commission au sujet de la comptabilité seront dûment observées.

3° Les facilités visées par le paragraphe 2 ci-dessus sont accordées à condition que les arrangements spéciaux dont il s'agit soient portés à la connaissance de la Commission dès leur conclusion.

4° La Commission se réserve le droit, au moment où elle prendra acte des arrangements spéciaux et aussi au moment où éventuellement elle les appliquera, d'y faire introduire telles modifications qu'elle jugerait nécessaires en vue de donner effet aux réserves ci-dessus.

DÉCISION N° II

Protocole signé à Wiesbaden le 6 octobre 1921

1° La Commission prend acte du protocole signé à Wiesbaden le 6 octobre 1921 (1) et des documents annexes (2), ainsi que de la modification à ces documents qui fait l'objet de la lettre de M. Loucheur (3)

(1) Voir page 1.
(2) Voir pages 1 et 7.
(3) Voir note à la page 14.

et en approuve la mise en application dans les limites envisagées par l'arrangement financier du 11 mars 1922 (1), et aux conditions complémentaires ci-après :

a) Les droits des Puissances non représentées à la Conférence des Ministres des Finances du 11 mars sont réservés;

b) Le droit reste ouvert au Gouvernement français

(1) Article IV de l'Arrangement financier du 11 mars 1922. Les Gouvernements signataires consentent à la mise en application pour une période de trois ans, des dispositions de l'Accord de Wiesbaden du 6 octobre 1921 au sujet desquelles la Commission des Réparations a indiqué la nécessité de leur assentiment préalable et notamment des dispositions relatives à l'inscription au crédit de l'Allemagne et au débit de la France de la valeur des prestations en nature livrées en exécution de l'Accord, sous les réserves suivantes :

1° Le montant des règlements différés n'excédera pas :

350 millions en 1922 ;

750 millions en 1923 ;

750 millions en 1924.

2° Le montant restant dû à la fin de 1924 sera payé par la France, avec les intérêts stipulés dans l'Accord, en dix annuités égales commençant le 1er mai 1926, par imputation sur les sommes dues à la France chaque année au titre des réparations.

A moins que l'application de l'Arrangement ne soit continuée pendant une période plus longue, d'accord entre les puissances, la France ne devra, au cours d'aucune année postérieure à 1926, recevoir, soit en espèces, soit en nature, des sommes qui, ajoutées auxdites annuités, auraient pour résultat de procurer à la France, au cours d'une de ces années, un montant supérieur à sa part totale, telle qu'elle est fixée par les arrangements interalliés, dans les payements totaux de l'Allemagne, pendant ladite année, y compris l'annuité due par la France.

de bénéficier des dispositions du projet d'accord établi le 15 mars 1922 entre les Représentants des Gouvernements français et allemand (1).

c) La Commission des Réparations prend note des stipulations d'ordre comptable figurant dans lesdits documents et leur donnera effet, pour ce qui la concerne, sous réserve des dispositions de la décision n° I ci-dessus (2).

2° Il est décidé que, pour l'application de l'Article IV de l'État des Payements (3), la partie de la valeur des prestations en nature donnant lieu, aux termes de l'accord, à règlement différé, ne sera pas comprise dans la valeur totale des exportations de l'année des livraisons; par contre, le montant du crédit passé à l'Allemagne, du fait des prestations dont le règlement a été différé, sera ajouté à la valeur totale des exportations de l'année de règlement.

(1) Voir page 63.
(2) Voir page 18.
(3) L'Article IV de l'État des Payements stipule que « l'Allemagne payera chaque année.....

« 2° a) Une somme que la Commission déterminera comme étant l'équivalent de 25 o/o de la valeur des exportations allemandes pendant chaque période de 12 mois, à partir du 1er mai 1921 ;

.   .   .   .

.   .   .   .

« 3° Une somme supplémentaire équivalent à 1 o/o de la valeur totale des exportations allemandes comme il est dit ci-dessus..... »

ARRANGEMENT DU 2 JUIN 1922
ENTRE LA COMMISSION DES RÉPARATIONS
ET LE GOUVERNEMENT ALLEMAND

ARRANGEMENT

L'Arrangement suivant destiné à fixer une procédure pour les livraisons en nature prévues aux Annexes II et IV à la Partie VIII du Traité de Versailles, a été conclu par :

M. BEMELMANS, représentant la Commission des Réparations, et

M. CUNTZE, représentant le Gouvernement allemand.

ARTICLE I

La Commission des Réparations et le Gouvernement allemand, désireux d'établir une procédure aussi pratique que possible pour les livraisons en nature stipulées par les Annexes II et IV à la Partie VIII du Traité de Versailles, ont convenu d'admettre dans ce but, sauf exceptions prévues dans le présent document, les contrats passés directement entre ressortissants alliés et allemands conformément aux pratiques commerciales usuelles et dans lesquels le Gouvernement allemand n'interviendra que dans la mesure spécifiée dans le présent Arrangement.

Le présent Arrangement est conclu, d'une part en vue de faciliter le payement des réparations, d'autre part en s'inspirant uniquement des considérations économiques qui régissent le commerce normal.

Les Gouvernements alliés qui viendront à adopter la procédure ci-après décrite, et le Gouvernement allemand qui l'a acceptée, ne s'inspireront, dans l'application de celle-ci que de ces considérations, à l'exclusion de toutes autres.

ARTICLE II

La procédure établie par le présent Arrangement sera présentée par la Commission des Réparations aux Gouvernements alliés intéressés; chacun de ceux-ci aura liberté de l'adopter ou de la rejeter, étant bien entendu que cette procédure ne peut être employée concurremment avec une autre, et que tout Gouvernement allié qui l'aura adoptée sera lié par toutes les clauses du présent Arrangement.

Le présent Arrangement restera en vigueur entre la Commission des Réparations et le Gouvernement allemand, jusqu'au 31 décembre 1922 et se continuera ensuite d'année en année par tacite reconduction sauf dénonciation par l'une ou l'autre partie avant le 30 novembre de chaque année.

Tout Gouvernement allié qui viendra à l'adopter

s'engage à l'appliquer pendant au moins six mois.
Après cette période, il aura le droit, si l'accord ne
fonctionne pas d'une façon satisfaisante, de demander à la Commission des Réparations d'y mettre fin
en ce qui le concerne avec préavis d'un mois au minimum.

Le Gouvernement allemand aura également le
droit, au bout de cette période de six mois, et moyennant un préavis d'un mois, de demander à la Commission des Réparations de mettre fin à l'Arrangement vis-à-vis de tel Gouvernement allié pour lequel
la Commission aura constaté à plusieurs reprises
qu'il n'a pas respecté les clauses du présent Arrangement. La Commission des Réparations n'aura à
statuer que dans le cas où le Gouvernement allié et
le Gouvernement allemand ne seraient pas d'accord
pour renoncer à la présente procédure.

ARTICLE III

Seront considérés comme ressortissants d'un pays
allié déterminé, aux termes de l'article I, toutes personnes civiles et morales ayant leur résidence dans
ce pays et régies par ses lois, y compris :

a) Tous groupements librement constitués (1) entre
ressortissants d'un même État allié;

(1) Il est entendu que ne seront pas admis au bénéfice
de la procédure de tractations directes ni du côté allié, ni
du côté allemand, les groupements, offices ou organismes
auxquels, en vertu de lois ou règlements administratifs, les

b) Toutes administrations publiques achetant pour leurs propres besoins dans la forme consacrée par la loi ou l'usage.

Pourront également bénéficier de cette procédure, mais seulement pour la réparation effective de leurs dommages locaux, tous les sinistrés appartenant à la nationalité d'un pays dont le Gouvernement aura mis en application la présente procédure, même s'ils ne résident pas dans un pays ayant droit aux réparations.

Rien dans les Articles III et IV n'empêchera un Gouvernement allié et le Gouvernement allemand de conclure librement entre eux tout contrat autorisé entre leurs ressortissants par le présent Arrangement.

Article IV

Seront considérés comme ressortissants allemands, aux termes de l'Article I, toutes personnes civiles ou morales ayant leur résidence en Allemagne et régies par les lois allemandes, et notamment les producteurs, les groupements librement constitués, comme les « Fachverbände » ou « Landesauftragsstellen » et les firmes qualifiées pour le commerce en gros, l'entreprise ou l'exportation.

intéressés doivent obligatoirement adhérer ou s'adresser pour passer ou recevoir des commandes en compte « Réparations ». La procédure facultative du dernier alinéa du présent Article III leur restera ouverte.

Seront exclues, par contre, les firmes commerciales qui se sont établies ou qui s'établiront pour servir de bureau intermédiaire pour les livraisons de cette nature, ainsi que les agents occasionnels.

Rien dans le présent article n'empêchera les producteurs de se grouper librement entre eux pour faire des livraisons.

Article V

Continueront à ne pouvoir être obtenues que par la procédure du Traité de Paix les marchandises dont l'exportation est absolument prohibée ou ne peut être admise que suivant contingent fixé et publié dans les journaux ou périodiques commerciaux. La liste de ces marchandises est reproduite dans l'Annexe A, qui est considérée comme complète à cette date. Cette liste sera soumise tous les trois mois à revision d'un commun accord entre la Commission des Réparations et le Gouvernement allemand. La première revision aura lieu le 1er octobre 1922.

Les articles contenus dans la liste en question ne seront soumis à aucune des stipulations du présent accord ni en particulier à celles de l'Article XV.

Article VI

Les marchandises ci-après ne pourront en aucun cas être obtenues par la procédure établie par le présent document :

1° Toutes marchandises de provenance étrangère n'ayant pas subi de transformation en territoire allemand;

2° Denrées alimentaires fabriquées avec des matières premières importées;

3° Articles en or, en platine et en argent.

ARTICLE VII

Pour les articles énumérés à la liste B ci-annexée et qui seront achetés suivant la procédure établie par le présent Arrangement, l'acquéreur payera en espèces pour chacun d'eux directement au vendeur le pourcentage indiqué dans la liste.

Le présent Article ne s'appliquera pas aux objets achetés par des sinistrés, ou pour être remis tels quels à des sinistrés, pour la reconstruction de leurs usines, ateliers, immeubles et installations industrielles (1), à l'exclusion de toute reconstitution de stocks commerciaux.

D'autre part, si un contrat est sujet à l'application du Reparation Recovery Act ou d'une législation similaire, le montant à payer en espèces à l'exportateur allemand pour les articles inclus dans l'Annexe B sera — dans chaque cas où le montant payable en vertu de l'Annexe B ajouté au prélèvement prévu au Reparation Recovery Act ou par une légis-

(1) Etant entendu que cette reconstruction ne se fera pas nécessairement à l'identique.

lation similaire dépasserait la valeur totale des marchandises, — réduit du montant de ces excès.

ARTICLE VIII

Les contrats (1) à passer par voie de tractations directes doivent comporter une valeur minimum de 1 500 mark-or (quinze cents mark-or).

Les contrats — ou avenants éventuels à ces contrats — seront négociés directement suivant les usages commerciaux entre les intéressés, chacun de ceux-ci étant responsable de l'observation des lois et règlements de son propre pays, y compris ceux relatifs à l'importation et à l'exportation; il y sera fait mention de l'accord des intéressés sur le payement en compte·réparations.

Les contrats (ou avenants) soumis à homologation devront comporter la clause suivante :

« De convention expresse entre les parties, les marchandises faisant l'objet du présent contrat sont destinées à être employées ou transformées exclusi-

(1) Par « contrats » on entend :
1° Un document signé par les deux parties ;
2° Une offre ferme avec ou sans devis, acceptée sans réserve par le client, par lettre ou par télégramme ;
3° Une demande ferme acceptée sans réserve par le fournisseur, par lettre ou par télégramme.

Par « date de la conclusion du contrat » on entend : soit la date du document signé par les deux parties, soit la date d'arrivée de la lettre ou du télégramme d'acceptation de l'offre ou de la demande.

vement sur le territoire de l'État allié intéressé (y compris ses dominions, colonies, protectorats et territoires à mandats) » (1).

Les contractants seront seuls responsables de l'exécution de cette clause et il leur sera loisible de faire figurer au contrat (ou avenant) toute sanction de droit sur laquelle ils se mettraient d'accord; cependant les Gouvernements alliés qui adopteront la présente procédure feront tous leurs efforts, dans la limite de leur législation actuelle, pour empêcher la réexportation.

ARTICLE IX

Ces contrats (ou avenants), dès leur conclusion et au plus tard dans un délai de quatorze jours, seront, à la diligence du ressortissant allié, présentés à l'homologation de la Commission des Réparations par le Gouvernement allié intéressé.

La Commission des Réparations notifiera immédiatement le contrat (ou avenant) au Gouvernement allemand (Kriegslastenkommission) qui aura pu de son côté en être informé par son ressortissant. Ladite notification se fera automatiquement et vaudra homologation provisoire.

Cette homologation deviendra « *ipso facto* » définitive, au bout de quatorze jours pour les contrats (et de huit jours pour les avenants) à compter de la

(1) Cette clause n'empêchera pas l'application du deuxième alinéa de l'Article III.

date de la notification, à moins que l'un ou l'autre des Gouvernements intéressés n'ait présenté dans ce délai à la Commission des Réparations une demande motivée de retrait de l'homologation provisoire, fondée sur l'une des quatre raisons suivantes :

a) Si ledit contrat (ou avenant) est en contradiction avec le présent Arrangement ou avec tout arrangement complémentaire éventuel;

b) S'il y a fraude sur les prix et conditions dudit contrat (ou avenant);

c) Si la décision au sujet de la licence d'exportation n'a pas encore été prise à l'expiration des quatorze jours (ou des huit jours) prévus ci-dessus.

d) Si la licence d'exportation est refusée.

Dans les cas (*a*) et (*b*) la Commission des Réparations prendra dans les huit jours une décision sur la demande de retrait qui lui aura été ainsi soumise, les Gouvernements intéressés étant, à leur diligence, entendus dans ledit délai.

Dans le cas (*c*) la Commission des Réparations ne prendra sa décision qu'à l'expiration de ce délai de huit jours, si à cette dernière date elle n'a pas été informée de l'octroi ou du refus de la licence (1).

Dans le cas de refus de licence suivant (*c*) ou (*d*), la Commission des Réparations ne pourra exiger le maintien de l'homologation qu'après avoir établi

---

(1) Si la licence est accordée au cours de ce délai de huit jours, l'homologation devient naturellement définitive.

avec le Gouvernement allemand qu'il y a eu discri-
mination.

Ni la demande de retrait d'homologation, ni l'in-
struction nécessaire à la décision de la Commission
des Réparations ne retarderont ni ne suspendront
l'exécution du contrat (ou avenant), lequel prendra
cours et effet à dater du jour de sa conclusion, sauf
stipulation contraire entre les parties.

En cas de retrait d'homologation, et sauf stipulation contraire entre les parties, tout contrat (ou avenant) continuera à porter ses effets entre les parties
comme contrat commercial ordinaire.

Rien dans le présent Article, ni dans aucun autre
article du présent Arrangement, ne pourra jamais
être interprété comme constituant une approbation,
même tacite, du régime allemand des exportations
quant à sa validité à l'égard des stipulations du Traité
de Versailles.

ARTICLE X

L'homologation définitive aura les effets suivants :

1° Le Gouvernement allemand accordera immédiatement la licence d'exportation si elle ne l'est déjà.

2° Le Gouvernement allemand assumera immédiatement toutes les obligations financières encourues
par le ressortissant allié à l'égard du ressortissant
allemand à raison du contrat (ou avenant) envisagé
et échéances stipulées, sauf en ce qui concerne les
payements en espèces prévus à l'Article VII.

3° Le Gouvernement allemand sera crédité par la Commission des Réparations, par le débit du Gouvernement allié intéressé, de la contre-valeur en mark-or des sommes ainsi déboursées par le Gouvernement allemand.

4° Par suite, le ressortissant allié ne restera plus en compte qu'avec son seul Gouvernement pour le règlement des obligations financières définies au 2° du présent Article. Il aura bien entendu à s'acquitter directement envers le ressortissant allemand des payements en espèces résultant de l'application de l'Article VII.

5° Sauf en ce qui concerne les obligations financières définies au 2° du présent Article, le contrat (ou avenant) sera exécuté entre les seuls contractants, qui seront, l'un vis-à-vis de l'autre, entièrement liés par les clauses dudit contrat (ou avenant). En particulier, aucun Gouvernement n'est responsable de la solvabilité de son propre ressortissant.

Article XI

Seront admis à l'homologation et exécutés intégralement dans les conditions prescrites au présent Arrangement, tous contrats comportant des échéances ne dépassant pas deux années après l'expiration du présent Arrangement.

Les payements qui seront effectués par l'Allemagne en vertu du présent Arrangement et après l'expiration de celui-ci seront crédités au Gouvernement alle-

mand par la Commission des Réparations à valoir
sur les obligations de l'Allemagne telles qu'elles auront été fixées pour l'année financière correspondante, la date du crédit étant celle à laquelle le payement aura été effectué.

ARTICLE XII

En vue de faciliter l'exécution des paragraphes 2
et 3 de l'Article X, des chèques du modèle ci-annexé
(Annexe C) seront tirés par le Gouvernement allemand sur un ou plusieurs organismes bancaires dé-
signés par lui.

L'emploi de ces chèques sera réglé par la note
(Annexe D).

Le Gouvernement allemand s'engage formellement
à toujours maintenir dans les organismes bancaires
chargés du payement des chèques, les provisions
nécessaires au payement desdits chèques à présentation; il sera seul responsable de toutes les consé-
quences d'un défaut de payement, sauf dans le cas
prévu au paragraphe 7 de la note Annexe D.

ARTICLE XIII

Le Gouvernement allemand s'engage à ne prendre
ni laisser prendre aucune mesure qui ait pour résultat de désavantager les prestations faites en exécution du présent Arrangement par rapport aux trans-
actions commerciales ordinaires avec le pays allié
intéressé.

ARTICLE XIV

Les Gouvernements alliés qui adopteront le présent Arrangement et le Gouvernement allemand s'engagent à prendre toutes mesures possibles pour pré-
venir toute collusion ou fraude, ainsi que toute con-
travention aux clauses du présent Arrangement et se
prêteront aide et assistance à cette fin; ils se commu-
niqueront par l'intermédiaire de la Commission des
Réparations toutes informations utiles dans ce but.

ARTICLE XV

Rien dans le présent Arrangement ne sera consi-
déré comme empêchant un Gouvernement allié de
faire usage de ses droits d'accorder à ses ressortissants des réductions sur les droits de douane ou de
faire bénéficier ses sinistrés des avantages prévus
dans sa législation (réserve faite toutefois des droits
possédés par un autre pays dans le territoire du pays
adoptant la procédure prévue par cet Arrangement
et ce, en vertu des traités de commerce ou arrangements existants).

En dehors de telles réductions ou avantages, aucune remise directe ou indirecte sur le prix de fac-
ture ne sera concédée aux ressortissants alliés, si ce
n'est dans des cas exceptionnels ou de nécessité
absolue; le Gouvernement allemand sera informé en
temps voulu du taux des remises qui auront été ainsi
accordées.

ARTICLE XVI

La Commission des Réparations et le Gouvernement allemand se tiendront en contact à l'effet de s'assurer que la valeur des payements faits et à faire par le Gouvernement allemand dans l'année financière courante en vertu du présent Arrangement, ajoutée à celle des autres payements et livraisons faits et à faire par ce Gouvernement pendant la même période, ne dépasse pas les obligations de l'Allemagne telles qu'elles auront été fixées pour ladite période.

ARTICLE XVII

Toutes livraisons en exécution du présent Arrangement seront considérées à tous égards comme des livraisons en nature effectuées en exécution de la Partie VIII du Traité de Versailles.

ARTICLE XVIII

Les Puissances alliées qui adopteront la procédure prévue dans le présent Arrangement devront se mettre d'accord avec le Gouvernement allemand, au cas où elles auraient l'intention de maintenir ou de créer en Allemagne des organismes officiels alliés pour s'occuper de l'exécution du présent Arrangement. Il est entendu que ni cette restriction, ni aucune autre analogue, ne saurait s'appliquer aux organismes consulaires dont les droits et attributions doivent demeurer intacts, sans qu'il soit question d'y apporter une atteinte quelconque par la voie du présent Arrangement.

Article XIX

La Commission des Réparations tranchera toute difficulté qui viendrait à s'élever dans l'application du présent Arrangement entre tous Gouvernements alliés qui auront adopté la procédure qu'il institue, ou entre un ou plusieurs de ces Gouvernements et le Gouvernement allemand.

Article XX et dernier

Le présent Arrangement sera mis en vigueur à la date à laquelle le Gouvernement allemand notifiera à la Commission des Réparations que la loi du Reich concernant l'application dudit Arrangement a été publiée.

Signé en français et en allemand. En cas de divergences entre les deux textes de l'Arrangement et de ses annexes, c'est le texte français qui fera foi.

Paris, le 2 juin 1922.

Signé : Cuntze.   Signé : Bemelmans.

ANNEXE A
(*Voir* Article V)

1° Engrais artificiels et naturels, à l'exception des engrais potassiques non mélangés avec d'autres engrais artificiels;

2° Fourrages de toutes sortes;

3° Céréales, légumes et légumineuses fourragères, à l'exception de ceux employés comme semences (1);

4° Animaux et produits comestibles provenant des animaux, à l'exception des poissons de mer, des chiens et des oiseaux (volailles exceptées);

5° Lait, beurres, fromages, œufs et miel;

6° Bois de toutes espèces en dehors de tous produits fabriqués en bois;

7° Fruits donnant de l'huile;

8° Huiles et graisses de table;

9° Pommes de terre, betteraves de toutes espèces et plantes comestibles;

10° Fruits;

11° Sucres de toutes espèces;

12° Riz brut et décortiqué, à l'exception de produits dérivés du riz;

13° Produits de meuneries (sauf du riz) et farines de légumes;

14° Bière;

(1) L'autorisation peut être accordée suivant l'état de la production.

. 15° Vins de fruits, à l'exception du vin de raisin en quantité supérieure à 1.000 litres ;

16° Amidon et produits de l'amidon, à l'exception de l'amidon de riz;

17° Levure;

18° Succédanés de café;

19° Pâtes alimentaires, pâtisseries, confiseries, conserves de viande, de légumes et de fruits (1);

20° Ciment fabriqué avec du charbon de production intérieure;

21° Déchets d'acier et de fonte;

22° Paraffine;

23° Benzol;

24° Cuir;

25° Articles de cordonnerie;

26° Peaux de production intérieure;

27° Ecorces tannantes de production intérieure.

(1) L'autorisation peut être accordée suivant l'état de la production.

ANNEXE B (1)

(*Voir* Article VII)

Liste des marchandises dont la teneur en matières de provenance étrangère est si élevée que leur livraison ne peut se faire que contre remboursement en espèces de la valeur des matières premières étrangères y contenues.

Désignation sommaire de l'article visé.	Numéros de la classification douanière allemande actuellement en vigueur (exportation).	Pourcentage de remboursement admis.
	—	—
	I	
Produits demi-manufacturés de :		
a) Plomb	851	70 o/o
	852	—
	854 a	—
	(Tuyaux seulement.)	
b) Zinc	856	85 o/o
	857	—
	858	—
	859 a	—
	(Tuyaux seulement.)	
c) Étain	861	90 o/o
	862	—
	863 a (Tuyaux seulement.)	—
	863 c	—

(1) Le texte original de l'Annexe B a été, conformément à une réserve qui y avait été insérée, examiné dans des conférences d'experts alliés et allemands. Le texte ci-dessus est le résultat des modifications apportées au cours de ces conférences.

Désignation sommaire de l'article visé.	Numéros de la classification douanière allemande actuellement en vigueur (exportation).	Pourcentage de remboursement admis.
d) Nickel . . .	865	90 o/o
	866	—
	868	—
	(Tuyaux, manchons, douilles correspondant au n° 867 du tarif d'importation.)	
e) Cuivre . . .	870 *a* et *b*	75 o/o
	871 *a* et *b*	70 o/o
	872	—
	873	—
	877 *c* et *d*	60 o/o
	881 *a* et *b*	70 o/o
	882 *a* et *b*	—
a) Alumine. . . Al ^{2}O^3 (1) . .	298 *a*	35 o/o
b) Plomb (1) . .	850	95 o/o
Zinc (1)	855 *a* et *b*	95 o/o
Étain (1). . . .	860	95 o/o
Nickel (1) . . .	864	—
Cuivre brut et autres métaux non ferreux brut (1).	869, *a*, *b*, *c*, *d*, *e*, *f*,	—

(1) Matières premières ayant subi en Allemagne une transformation peu importante.

Désignation sommaire de l'article visé. —	Numéros de la classification douanière allemande actuellement en vigueur (exportation). —	Pourcentage de remboursement admis. —
II		
a) Marchandises grosses et fines en cuivre et alliage de cuivre.	874 *a* et *b*	3o o/o
	875	—
	876	—
	877 *a* et *b*, 878 *a* et *b*	—
	879	—
	88o *a* et *b*	—
	884 *a* et *b*	—
	885 *a* et *b*	—
	886	—
	887 *a* et *b*	—
b) Marchandises grosses et fines en étain.	863 *a* et *b*	9o o/o
c) Marchandises grosses et fines en nickel.	868	3o o/o
	885 *a*	—
III		
Appareils pour brasseries, malteries, distilleries et sucreries.	9o6 *f, g, h,*	35 o/o
IV		
Appareils accessoires pour chaudières et tuyauterie.	8o4	35 o/o
	8o5	—

Désignation sommaire de l'article visé.	Numéros de la classification douanière allemande actuellement en vigueur (exportation).	Pourcentage de remboursement admis.
	—	—
V		
a) Fils isolés. .	890 a	55 o/o
	(Tous les fils électriques à l'exclusion des câbles.)	
b) Câbles. . . .	909	
Câbles souterrains		60 o/o
Câbles sous-marins		75 o/o au plus
c) Accumulateurs et pièces détachées.	908 a et b	40 o/o
Machines électriques (dynamos, moteurs, etc...) y compris les transformateurs statiques vides	907 a, b, c, d, e	25 o/o (1)
Transformateurs statiques remplis d'huile.	id.	35 o/o (1)
VI		
Electrodes pour fours électriques.		
a) Contenant plus de 97 o/o de carbone pur.	ex N° 648 b	80 o/o

(1) Chiffres éventuellement revisables au 1ᵉʳ avril 1923.

Désignation sommaire de l'article visé.	Numéros de la classification douanière allemande actuellement en vigueur (exportation).	Pourcentage de remboursement admis.
b) Non comprises dans la catégorie *a)*.	ex N° 648 *b*	65 o[o

VII (1)

a) Fonte brute .	777 *a* et *b*	45 o/o
b) Acier brut. .	784 comprenant seulement lingots coulés et brames coulées.	4o o/o

VIII (1)

Acier laminé. .	784 le reste.	3o o/o
	785 *a* et *b*	—
	786 *a, b, c*	—
	787 sauf tôles émaillées et laquées.	
	788 *a, b, c*	—
	789 *a* et *b*	—
	790	—
	791 *a* et *b*	—
	792 *a* et *b* (sauf fils émaillés et laqués).	
	794	—
	795 *a* et *b*	—
	796 *a, b, c, d,*	—
	797 *a* et *b*	...

(1) Ces pourcentages seront soumis à un nouvel examen avant le 1ᵉʳ juillet 1923.

Désignation sommaire de l'article visé.	Numéros de la classification douanière allemande actuellement en vigueur (exportation).	Pourcentage de remboursement admis.
	—	—
	IX	
Acide borique et borate de soude.	275	40 o/o
Acide tartrique et crème de tartre.	279 *a* 311	5o o/o
Acide citrique . . .	279 *b*	55 o/o
Iodures	284	8o o/o
Oxyde plombique. .	3oo	75 o/o
Oxyde d'étain . . .	3o1	8o o/o
Sels d'étain.	317 *r*	—
Sucre plombique. .	31o	40 o/o
Sels d'antimoine et tartre émétique.	312	65 o/o
Tanin, acide tannique et acide gallique.	317 *g*	7o o/o
Sels d'or.	317 *h*	95 o/o
Sels d'argent. . . .	317 *q*	9o o/o
Nitrate de plomb. .	3o2 en partie	6o o/o
Sels de bismuth. . .	317 *s*	65 o/o
Combinaison de mercure, sublimé, calomel, oxyde rouge de mercure.	317 *s* en partie	65 o/o
Combinaison de molybdène et acide tungstique.	317 *s* en partie	40 o/o
Minium de plomb (red lead).	324 *a*	75 o/o
Céruse (conite lead)	324 *b*	6o o/o

Désignation sommaire de l'article visé.	Numéros de la classification douanière allemande actuellement en vigueur (exportation).	Pourcentage de remboursement admis.
Sulfate de cuivre. .	296	65 o/o
Vermillon (cinnabar-sulfure rouge de mercure).	327	90 o/o
Mèches soufrées, mèches à mine de toutes espèces.	370	60 o/o
Extraits tanniques, sumac, quebracho.	384 b, c	60 o/o
Sels de terres rares, thorium nitrate, cerium et de tungstène.	317 s en partie	50 o/o
Vert de Schweinfurth aceto (arsenite de Cu) Couleurs de chrome et Cu.	309 en partie 332 a, b	65 o/o 70 o/o
Braunstein (oxyde de manganèse).	237 h	75 o/o
Blanc de zinc . . .	326 a	70 o/o
Bois ou écorces à tan où à teindre (quebracho sumac ou autres pourvu qu'ils soient moulus, rapés ou autrement réduits).	ex 91, ex 92, ex 93 et ex 94	90 o/o

Désignation sommaire de l'article visé.	Numéros de la classification douanière allemande actuellement en vigueur (exportation).	Pourcentage de remboursement admis.
	X	
a) Huile de colza et de navette.	166 a	85 o/o (1)
b) Huile de lin. . .	166 b	85 o/o (1)
c) Huile de faîne. .	166 c	80 o/o (1)
d) Huile d'arachide et de sésame.	166 d	80 o/o (1)
e) Huile d'olive, de sésame, d'arachide, de navette, et autres en fûts, excepté les précédentes.	ex 166, ex 167	80 o/o (1)
f) Beurre de cacao.	168	80 o/o (1)
g) Beurre de muscade, huile de laurier.	169	80 o/o (1)
h) Margarine de coton.	170	85 o/o (1)
i) Huile de pépine de palme.	171 b	85 o/o (1)
k) Beurre et huile de coco.	171 c	80 o/o (1)
l) Huile et beurre de mowrah, beurres de cé et autres.	171 d	80 o/o (1)
m) Beurre végétal. .	205 b	80 o/o (1)
n) Oléine et fèces d'huile.	172	70 o/o

(1) Chiffres revisables au 1er juillet 1923.

Désignation sommaire de l'article visé.	Numéros de la classification douanière allemande actuellement en vigueur (exportation).	Pourcentage de remboursement admis.
o) Acides stéarique, palmitique, margarique et autres.	250 a	3o o/o
p) Savons, savons liquides, etc.	254-255	5o o/o
q) Autres produits similaires au savon, savons fins.	256	6o o/o
r) Glycérine	257 a et b	4o o/o
s) Onguent de paraffine, vaseline, lanoline.	258	4o o/o
t) Autres matières à graisser.	260	65 o/o
u) Vernis à l'huile	341	75 o/o
v) Vernis à laque et laques.	343	5o o/o
a) Huiles minérales à graisser, benzine lourde brute, huile de gaz, benzine, gazoline, etc.	239 a, f g	9o o/o
b) Cire d'abeilles et autres cires d'insectes à l'état naturel.	141	95 o/o
c) Cire végétale et cire ! d'abeilles blanchie.	247 a, b	95 o/o

Designation sommaire de l'article visé.	Numéros de la classification douanière allemande actuellement en vigueur (exportation).	Pourcentage de remboursement admis.
d) Lard et huiles de poissons, de baleines, etc.	131	95 o/o
e) Ecorce de quinquina et d'autres produits, pour autant qu'ils ne sont pas compris dans l'Annexe VI de la Partie VIII du traité.	72 a, b, c	90 o/o

XI

a) Caoutchouc :

Caoutchouc en solution.	570	60 o/o
Caoutchouc régénéré et pâte molle.	571	60 o/o
Feuilles et plaques en caoutchouc.	572	60 o/o
Fils de caoutchouc.	573	60 o/o
Chambres à air autos	574 a	35 o/o
Chambres à air vélos	574 b	35 o/o
Tuyaux en caoutchouc.	574 c	35 o/o
Courroies imprégnées.	575	50 o/o
Bâches caoutchoutées	576	50 o/o
Chaussures en caoutchouc.	577	45 o/o
Bandages pleins avec frette en fer.	578 a	25 o/o

Désignation sommaire de l'article visé.	Numéros de la classification douanière allemande actuellement en vigueur (exportation).	Pourcentage de remboursement admis.
Bandages pleins sans frette en fer.	578 a	4o o/o
Enveloppes de pneus pour autos.	578 a	4o o/o
Enveloppes pour autres véhicules.	578 c	4o o/o
Ouvrages non dénommés en caoutchouc.	579 a	6o o/o
Joints et bourrages en caoutchouc.	579 b	35 o/o
Tissus combinés avec du caoutchouc.	58o	4o o/o
Toiles caoutchoutées pour imprimeries et pour cardes.	581	6o o/o
Caoutchouc durci pour dentistes.	583	35 o/o
Caoutchouc durci.	584	35 o/o
Tuyaux en caoutchouc durci.	585	35 o/o
Ouvrages en caoutchouc durci non dénommés.	586	35 o/o
b) *Amiante* :		
Papiers et cartons d'amiante en feuilles, rouleaux ou plaques.	7o5	45 o/o
Fils, cordons, cordes et cordelettes en amiante.	7o6	45 o/o

Désignation sommaire de l'article visé.	Numéros de la classification douanière allemande actuellement en vigueur (exportation).	Pourcentage de remboursement admis.
Tissus en amiante.	707	45 o/o
Autres articles en amiante (Klinge-rite).	708	45 o/o
c) Liège :		
Liège en poudre ou en déchets.	635	55 o/o
Liège en plaques avec écorce.	636	55 o/o
Liège en plaques sans écorce.	637	55 o/o
Articles en liège. .	638	55 o/o

XII (1)

a) Soie :		
Fils (excepté la soie artificielle).	398, 400	85 o/o
Fils préparés pour vente au détail (excepté la soie artificielle).	400	80 o/o
Tissus en pièce et au mètre (réserve faite pour les tissus plumetis).	401, ex 402, ex 403, 404, 404, 405, 408 (sauf ceux repris séparément ci-dessus).	50 o/o
Matière première peu transformée.	392-393. 397	95 o/o
Bonneterie en pièces au mètre, etc.	ex 409	50 o/o

(1) Chiffres revisables au 1ᵉʳ juillet 1923.

Désignation sommaire de l'article visé.	Numéros de la classification douanière allemande actuellement en vigueur (exportation).	Pourcentage de remboursement admis.
Tissus légers (gaze, étamine, tulle, etc.	406, 407, ex 408	45 o/o
Tissus brodés à la mécanique et dentelles mécaniques.	ex 410, ex 411	35 o/o
Ouvrages et tissus demi-confectionnés.	ex 402, ex 403	45 o/o
b) Laine, coton, autres textiles :		
Fils	417 à 425 inclus, 417 ex 515, 439 à 443 inclus, 472 à 482 inclus.	65 o/o
Fils préparés. . . .	426, 444, 483	60 o/o
Tissus.	427. 429, 431, 432, ex 516, ex 445, 446, à 449 inclus 453 à 457 inclus, 503, 486, 487, ex 488, ex 489, 490 à 498 inclus.	45 o/o
Bonneterie en pièces au mètre, etc.	435, ex 434, ex 435, 458 ex 460, ex 463, ex 500	45 o/o
Tapis de laine. . .	428	55 o/o
Feutres tissés ou non	ex 513, ex 514, 449	45 o/o
Linoléum et toile cirée.	504 à 510	45 o/o
Tissus légers (gaze, étamine, tulle, etc.	ex 436, 450, 452, 499	35 o/o
Tissus brodés à la mécanique, dentelles mécaniques.	ex 436, ex 437, ex 464, ex 465, ex 501, ex 502	30 o/o

Désignation sommaire de l'article visé.	Numéros de la classification douanière allemande actuellement en vigueur (exportation).	Pourcentage de remboursement admis.
Ouvrages en tissus demi-confectionnés.	430, ex 445, 451, ex 488, ex 489	40 o/o
Matières textiles peu transformées :		
Ouate	ex 511, 512	75 o/o
Coton cardé ou peigné y compris déchets de filature.	ex 438	85 o/o
Laine et autres matières textiles animales lavées.	ex 144, ex 145	95 o/o
Laine et autres matières textiles animales peignées ou cardées.	ex 413, ex 416, ex 528, ex 529.	85 o/o
Matières textiles végétales rouies, teillées, etc.	ex 470, ex 471	95 o/o
Matières textiles végétales peignées ou cardées.	ex 470, ex 471	85 o/o

XIII (1)

a) Soie :

Cordes, ficelles, tuyaux, seaux, articles similaires non caoutchoutés.		55 o/o
		45 o/o

(1) Chiffres revisables au 1er juillet 1923.

Désignation sommaire de l'article visé.	Numéros de la classification douanière allemande actuellement en vigueur (exportation).	Pourcentage de remboursement admis.
Bonneterie tricotée ordinaire (non comprise au N° XII).	371 ex 409, 412	40 o/o
Autres produits (confection, lingerie).	non énumérés ci-dessus, ex 391 à 543	30 o/o
b) Laine, coton, autres textiles végétaux :		
Cordes, ficelles. . .	ex 516, 466, 484	50 o/o
Tuyaux, seaux, articles similaires non caoutchoutés.	ex 530, 461, 462, 467, 468, 485	40 o/o
Bonneterie tricotée ordinaire (non comprise au N° XII).	ex 434, ex 435, ex 437, 571, 459, ex 460, ex 463, 469, 371, ex 500, ex 502	35 o/o
Formes de chapeaux de feutre non garnies.	540	40 o/o
Id. garnies.	537 à 539	30 o/o
Autres produits (confection lingerie.).	articles non énumérés ci-dessus, ex 391 à 543	25 o/o

Désignation sommaire de l'article visé.	Numéros de la classification douanière allemande actuellement en vigueur (exportation).	Pourcentage de remboursement admis.

XIV

Pelleteries et four-rures :

a) Peaux communes	563 (1)	40 o/o
—	564 (1)	3o o/o
—	565 (1)	25 o/o
b) Peaux belles. . .	563 (1)	75 o/o
—	564 (1)	75 o/o
—	565 (1)	65 o/o

XV

a) Cuir :

Courroies préparées ou finies.	557	60 o/o
Vêtements en cuir.	559	35 o/o
Harnais, y compris selles et parties de harnais en cuir.	ex 560	40 o/o
Autres articles en cuir de sellerie maroquinerie, malle-terie, entièrement en cuir ou simple-ment doublés de matières textiles ou similaires.	ex 560	5o o/o

(1) Sous réserve de compléter la classification pour fouine, loutre de rivière, opossum et mongolie.

Désignation sommaire de l'article visé.	Numéros de la classification douanière allemande actuellement en vigueur (exportation).	Pourcentage de remboursement admis.
Autres articles de sellerie, malleterie, etc., composés en grande partie de cuir.	ex 560	3o o/o
b) Ganterie :		
Gants de peau . . .	562	4o o/o
c) Animaux empaillés :		
En peaux de provenance étrangère.	ex 566	35 o/o

XVI

Balais, brosses, pinceaux, plumeaux, etc.	596, 597, 598, 599	5o o/o
Articles de tresserie, tamis, etc (à l'exception des toiles et tamis métalliques).	588 *a* et *b* 589, 590, 591, 592, 600.	3o o/o
Matières pour brosserie et tresserie, etc..........	68, 69, 84, 145 *b.* 145 *c*, 146, 413 *d*, 413 ex 413 *g*, 515, 528, 642	85 o/o

XVII (1)

a) Tabac à chiquer.	220 *f* en partie	25 o/o
b) Tabac à fumer. .	220 *e*	5o o/o

(1) Sous réserve d'une décision de principe.

Désignation sommaire de l'article visé.	Numéros de la classification douanière allemande actuellement en vigueur (exportation).	Pourcentage de remboursement admis.
c) Tabac à priser. .	202 *f* en partie	50 o/o
d) Cigarettes. . . .	220 *h*	50 o/o
e) Cigares	220 *g*	35 o/o

XVIII

a) *Meubles et futailles :*		
Meubles en bois exotique	ex 626. ex 627, ex 630, ex 631, ex 632, ex 633	25 o/o
Futailles en chêne.	ex 623	25 o/o
b) *Crayons* en bois de cèdre et graphite.	ex 340	25 o/o
c) *Ardoises* à écrire, encadrées ou non.	688 *b*	50 o/o
d) *Éponges* de mer travaillées.	139 *b*	70 o/o
Éponges seulement battues ou lavées.	159 *a*	85 o/o
e) *Boutons* divers :		
Fabriqués de matières importées.	ex 412	35 o/o
En corne masse cornée ou os.	611	35 o/o
En corozo et autres noix similaires.	646 *a* et *b*	40 o/o
f) *Ivoire, corne, écaille*, etc. :		
Ouvrages en ivoire	602	35 o/o
Ouvrages en écaille	604	35 o/o
Ouvrages en baleine véritable.	ex 609	35 o/o

Désignation sommaire de l'article visé.	Numéros de la classification douanière allemande actuellement en vigueur (exportation).	Pourcentage de remboursement admis.
Ouvrages matières animales d'importation et susceptibles d'être taillées.	ex 614	35 o/o
Ouvrages en écume de mer.	709	35 o/o
Ouvrages en ambre	712	35 o/o
Corne, ivoire, baleine.	156	85 o/o
Ivoire en plaques;	601	85 o/o
Ecaille en plaques .	603	85 o/o
Baleines en lames ou plaques (busc).	ex 609	80 o/o
Matières d'importation similaires en plaques.	ex 613	80 o/o
g) *Nacre* :		
Matières semi-ouvrées.	605	80 o/o
Produits fabriqués :		
Nacre franche blanche.	606	55 o/o
Nacre franche noire		25 o/o
Trocos ou autres coquillages similaires.	—	35 o/o
h) *Plumes* de parure d'origine étrangère.	ex 148, ex 149	85 o/o
Id.	ex 531	40 o/o

<table>
<tr><th>1.
SOUCHE.</th><th>2.
ZAHLUNGSANWEISUNG.</th><th>3.
TALON.</th></tr>
<tr><td>

N° .... B Frs.

Ausgestellt für

R. Frs.

Kurs vom

1 B. Fr. = P. M.

1 B. Fr. = G M.

Gegenwert :

P. M.

G. M.

Berlin, den

Der Reichskommissar zur Ausführung von Aufbauarbeiten in den zerstörten Gebieten.

(Unterschrift.)

</td><td>

N° .... B Frs.

An die Friedensvertrag-Abrechnungstelle G. m. b. H.
BERLIN.

Der hierzu gehörige Scheck auf den Namen

des deutschen Lieferanten

Im Papiermarkgegenwerte von

B. Frs

Ist auf Grund der Vereinbarung mit der Reparationskommission vom ______ 1922 heute auf Sie ausgestellt und der belgischen Regierung übergeben worden.

Um Einlösung des Schecks bei Vorkommen wird gebeten

Berlin, den

Der Reichskommissar zur Ausführung von Aufbauarbeiten in den zerstörten Gebieten.

(Unterschrift.)

</td><td>

N°   Frs. R.

A la Commission des Réparations. — Service financier.
PARIS.

Le chèque afférent à ce talon émis sur la Friedensvertrag Abrechnungstelle G. m. b. H. Berlin a été délivré ce jour au Gouvernement belge.

Au nom de Mr. (Firme) :

Contre-valeur en marks-papier du montant de

Frs. B.

Cours du :

Berlin, le

Der Reichskommissar zur Ausführung von Aufbauarbeiten in den zerstörten Gebieten.

(Unterschrift.)

</td></tr>
</table>

LIEFERVERTRAG			LIEFERVERTRAG.			COMMANDE.		
V	N°.	belg. Besteller.	V	N°.	belg. Besteller.	Du	N°.	Commettant.

ANNEXE «C»

1.	2.	3.	4.
SOUCHE.	ZAHLUNGSANWEISUNG.	TALON.	AVIS.

1. SOUCHE.

N°	B. Frs.

B. Frs.

Kurs vom

1 B. Fr. = P. M.

1 B. Fr. = G. M.

Gegenwert =

P. M.

G. M.

Berlin, den

Der Reichskommissar zur Ausführung von
Aufbauarbeiten in den zerstörten Gebieten.

(Unterschrift.)

LIEFERVERTRAG

V	N°.	belg. Besteller.

2. ZAHLUNGSANWEISUNG.

N°	B. Frs.

An die Friedensvertrag-Abrechnungsstelle
G. m. b. H.
BERLIN.

Der Lieferung gehörige Scheck auf den Namen
des deutschen Lieferanten

Im Papiermarkgegenwert von
B. Frs.

Ist auf Grund der Vereinbarung mit der Repa-
rationskommission von 19.. heute auf Sie
ausgestellt und der belgischen Regierung übergeben worden.

Um Einlösung des Schecks bei Vorkommen
wird ersucht.

Berlin, den

Der Reichskommissar zur Ausführung von
Aufbauarbeiten in den zerstörten Gebieten.

(Unterschrift.)

LIEFERVERTRAG.

V	N°.	belg. Besteller.

3. TALON.

N°	Frs. B.

A la Commission des Réparations. — Service
financier.
PARIS.

Le chèque afférent à ce talon émis sur la Friedensvertrag Abrechnungsstelle G. m. b. H.
Berlin a été délivré ce jour au Gouvernement belge.

Au nom de Mr. (Firme) :

Contre-valeur en marks papier du montant de
Frs. B.

Cours du :

Berlin, le

Der Reichskommissar zur Ausführung von
Aufbauarbeiten in den zerstörten Gebieten.

(Unterschrift.)

COMMANDE.

Du	N°.	Commettant.

4. AVIS.

N°	Frs. B.

A la Friedensvertrag-Abrechnungsstelle G. m.
b. H.
BERLIN.

Le chèque afférent à ce talon émis par le
Reichskommissar zur Ausführung von Auf-
bauarbeiten in den zerstörten Gebieten,
Berlin,

Au nom de Mr. (Firme) :

A été délivré aujourd'hui au ressortissant belge.

Mr.

Bruxelles, le

Royaume de Belgique.

(Ministère des Affaires).

(Signature)

Diese Zahlungsanweisung ist nicht mit Indossament übertragbar.

Ce bon de payment n'est pas négociable par endossement.

Dieser Scheck ist spätestens innerhalb einer Frist von
vier Wochen nach dem unten beschriebenen Datum der Aus-
händigung an den alliierten Staatsangehörigen bei der
Friedensvertrag-Abrechnungstelle, Berlin, zu Zahlung
vorzulegen.

Ce chèque est à présenter à l'encaissement auprès de la
Friedensvertrag-Abrechnungstelle, Berlin, dans le délai de
quatre semaines à courir de la date de remise au ressortissant
allié certifiée ci-dessous.

Nr.	Frs. B.

Die
Friedensvertrag-Abrechnungstelle G. m. b. H.
in
BERLIN.

wolle zahlen aus meinem Guthaben gegen diesen Scheck
veuille payer contre ce chèque

an Herrn (Firma) :
à Monsieur (Firme)

oder Überbringer
ou au porteur

Den Papiermarkgegenwert von :
La contre valeur en marks papier de :
B. Frs.

zum Kurse der Federal Reserve-bank, New-York,
d'après le cours de change de la Federal-Reserve Bank New-York,
von	und für den
de	et en débiter

Goldmarkgegenwert belasten das Konto der Reparations-
kommission.
de la valeur en marks-or le compte de la Commission des
Réparations.

Berlin, den

Der Reichskommissar zur Ausführung von Aufbauarbeiten
in den zerstörten Gebieten.

(Unterschrift.)

Dieser Scheck wurde heute dem	Staats-
angehörigen Herrn	ohne jede
Verantwortung für die Regierung ausgehändigt.

Ce chèque a été délivré ce jour au ressortissant
M.	sans aucune responsabi-
lité pour le Gouvernement

Bruxelles, le

(L. S.)	(Signature)

Wert erhalten.

den

4.   3.   2.   1.

Kurs vom ....

1 B. Fr. = $
1 P. M. = $
1 G. M. = $ = 0.238,15
1 B. Fr. = P. M.
1 B. Fr. = G. M.

Bdg. Frs. ....

P. M. ....

G. M. ....

Wertstellung auf Reparations-Konto ....

....

(Zahlung ausgeführt am ....)

Berlin, den ....

Friedensvertrag-Abrechnungsstelle G. m. b. H.

4.

AVIS.

N°   Frs. B. ▮▮▮▮▮▮▮

A la Friedensvertrag-Abrechnungstelle G. m. b. H.

BERLIN.

Le chèque afférent à ce talon émis par le Reichskommissar zur Ausführung von Aufbauarbeiten in den zerstörten Gebieten, Berlin,

Au nom de Mr. (Firme) : ________________________

____

A été délivré aujourd'hui au ressortissant belge.

Mr. ________________________

____

Bruxelles, le ________________________

Royaume de Belgique.

(Ministère des Affaires ________________).

(Signature)

Dieser Scheck is spätestens innerhalb einer Frist von vier
Ce chèque est à présenter à l'encaissement auprès de la
Wochen nach dem unten bescheinigten Datum der Aus-
Friedensvertrag-Abrechnungsstelle, Berlin, dans le délai de
händigung an den alliierten Staatsangehörigen bei der
quatre semaines à courir de la date de remise au ressortissant
Friedensvertrag - Abrechnungsstelle, Berlin zu Zahlung
vorzulegen.
.allié certifiée ci-dessous.

Nr. ________________________   Frs. B. ▮▮▮▮▮▮▮

Die
Friedensvertrag-Abrechnungstelle G. m. b. H.
La

BERLIN.

wolle zahlen aus meinem Guthaben gegen diesen Scheck
veuille payer contre ce chèque

an Herrn (Firma) : ________________________

à Monsieur (Firme) ________________________

oder Überbringer
ou au porteur

Den Papier-markgegenwert von :

La contre valeur en marks-papier de :

B. Frs. ▮▮▮▮▮▮▮

zum Kurse der Federal Reserve-Bank, New-York.
d'après le cours de change de la Federal-Reserve Bank, New-York,

vom ________________________ und für den
du ________________________ et en débité

Goldmarkgegenwert belasten das Konto der Reparations-Kommission.
de la valeur en marks-or le compte de la Commission des Réparations

Berlin, den ________________________

Der Reichskommissar zur Ausführung von Aufbauarbeiten in den zerstörten Gebieten.

(Unterschrift)

Dieser Scheck wurde heute den ________________ Staats angehörigen Herrn ________________ ohne jede Verantwortung für die Regierung ausgehändigt.

Ce chèque a été délivré ce jour au ressortissant
M. ________________ sans aucune responsabilité pour le Gouvernement ________________

Bruxelles, le ________________________

(L. S.)   (Signature)

Wert erhalten.

________________ den ________________

ANNEXE D

Procédure de payement

I

Aux époques fixées dans le contrat (ou l'avenant) pour les différents payements, le Gouvernement allemand remettra au Gouvernement allié intéressé, sur la demande de celui-ci transmise par la Commission des Réparations, les chèques prévus à l'Article XII. Ces chèques, payables exclusivement en mark-papier, seront tracés dans la monnaie prévue au contrat.

Au point de vue de la réglementation du commerce extérieur allemand, ces payements seront considérés comme des payements en devises étrangères.

Il remettra en même temps à la Commission des Réparations le talon n° 1.

Si le contrat (ou l'avenant) comporte un payement immédiat, le Gouvernement allemand remettra le chèque correspondant, sans demande spéciale, avant l'expiration du délai de quatorze jours (huit jours).

II

Le Gouvernement allié, après s'être mis d'accord avec son ressortissant lui remettra le chèque et enverra en même temps le talon n° 2 à l'organisme bancaire désigné par le Gouvernement allemand.

III

Le contractant allié enverra en temps et lieu au

contractant allemand ledit chèque, qui sera payé à présentation par l'organisme bancaire désigné par le Gouvernement allemand.

IV

Le chèque ainsi payé sera alors envoyé à la Commission des Réparations qui créditera le Gouvernement allemand par le débit du Gouvernement allié intéressé de la contre-valeur en mark-or du payement effectué. La date du crédit sera celle où le payement aura été effectué.

V

Toutes les conversions en mark-or, ainsi que les conversions en mark-papier de toutes sommes stipulées dans le contrat (ou l'avenant), se feront le même jour, à savoir — sauf arrangement ultérieur entre la Commission des Réparations et le Gouvernement allemand — au cours de midi de la *Federal Reserve Bank* de New-York pour le dixième jour qui suit celui où le Gouvernement allié a transmis le chèque à son ressortissant.

Cette date sera inscrite par le Gouvernement allié sur ledit chèque et le talon (1).

(1) Le texte ci-dessus de l'article V a été arrêté le 25 août 1922 par MM. Bemelmans et Cuntze. Sa substitution au texte primitif a été approuvée par la Commission des Réparations et par le Gouvernement allemand.

VI

Les ajustements financiers que rendrait nécessaires l'exécution (ou la non-exécution) du contrat, ne seront pas effectués par versements directs entre les intéressés, mais seront réglés de la manière suivante :

a) Si la soulte est en faveur du contractant allemand, le payement s'effectuera à la demande de la Commission des Réparations, qui en créditera le Gouvernement allemand, payement et crédit suivant la procédure de la présente annexe;

b) Dans le cas contraire, le contractant allié fera reverser la soulte entre les mains du Gouvernement allemand qui sera en temps et lieu débité à due concurrence par la Commission des Réparations sur la demande du Gouvernement allié intéressé.

VII

Toutes les parties intéressées auront toujours le droit, dans les formes et conditions légales, et à leurs risques et périls, de faire opposition au payement de ces chèques.

DÉCISION DE LA COMMISSION DES RÉPARATIONS
DU 16 JUIN 1922

La Commission approuve l'Arrangement signé par M. Bemelmans, au sujet de l'application de la Partie VIII du Traité de Versailles, en ce qui concerne les prestations en nature.

ACCORD DE BERLIN DU 15 MARS 1922

ENTRE LE GOUVERNEMENT FRANÇAIS
ET LE GOUVERNEMENT ALLEMAND

PROTOCOLE

L'Arrangement ci-annexé a été paraphé aujourd'hui par :

Monsieur le Contrôleur de l'Armée Gillet, du Cabinet du Ministre des Régions Libérées, représentant le Gouvernement français et

Monsieur Geheimer Regierungsrat Dr. Ruppel, du Ministère de la Reconstruction, représentant le Gouvernement allemand.

Cet Arrangement sera soumis à l'approbation des deux Gouvernements.

Fait en double, à Berlin, le 15 mars 1922.

Signé : GILLET.

Dr RUPPEL.

ARRANGEMENT

1. Le Gouvernement français attache le plus grand intérêt à ce que les livraisons en nature à effectuer par l'Allemagne soient régies par une procédure à la fois souple et rapide.

Le Gouvernement allemand, de son côté, a le ferme désir d'apporter sa loyale collaboration à l'œuvre de reconstitution des Régions dévastées.

En conséquence, les deux Gouvernements se sont mis d'accord pour convenir ce qui suit :

2. Les prestations en nature, à effectuer en vertu de l'Accord de Wiesbaden du 6 octobre 1921, seront régies, en ce qui concerne la passation et l'exécution des commandes et la détermination des prix, par la procédure prévue à l'Arrangement paraphé à Berlin le 27 février 1922 (1) par MM. Bemelmans et Cuntze (aussi longtemps que cet Arrangement n'aura pas été dénoncé en ce qui concerne son application à la France); les dispositions de l'Accord de Wiesbaden restant intégralement maintenues pour le surplus;

3. Les prestations auxquelles les dispositions de l'Arrangement du 27 février 1922 (1) ne sont pas applicables seront effectuées conformément à la procédure fixée par l'Accord de Wiesbaden;

4. Les Gouvernements français et allemand sont tombés d'accord sur le fait qu'il ne serait pas conforme à l'esprit de l'Arrangement du 27 février 1922 (1) que la passation des commandes à telles firmes ou à telles régions, de préférence à telles autres, aboutisse à une répartition déraisonnable. Il est bien

(1) L'Arrangement du 27 février 1922 était un projet d'accord entre la Commission des Réparations et le Gouvernement allemand, en ce qui concerne les prestations en nature. Cet Arrangement a reçu sa forme définitive le 2 juin 1922 (Voir page 23).

entendu que le Gouvernement allemand ne s'attache pas à une répartition uniforme.

Les Gouvernements français et allemand affirment leur intention de n'exercer aucune pression sur leurs ressortissants dans le but de favoriser la passation des commandes à telles firmes ou à telles régions de préférence à telles autres. Ils s'engagent à laisser la répartition des commandes s'opérer exclusivement d'après le libre jeu des offres commerciales et à s'abstenir de prendre aucune mesure susceptible de le fausser. Si, cependant, l'un ou l'autre Gouvernement venait à prendre une mesure contraire à l'engagement ci-dessus, il est convenu que les contrats pour lesquels il serait établi que leur conclusion est une conséquence de ladite mesure pourraient être considérés comme « étant en contradiction avec l'Arrangement du 27 février 1922 (1) ou avec les arrangements complémentaires éventuels », dans le sens que l'Article IX, 3° alinéa, § *a*, de l'Arrangement du 27 février 1922 (1) attache à cette expression;

5. Les organismes A et F prévus à l'Accord de Wiesbaden comme organismes de droit privé, pourront, au gré de chacun des Gouvernements respectivement intéressés, être soit des organismes de droit privé, soit des organismes administratifs;

6. Les Gouvernements français et allemand devront se mettre d'accord au cas où l'un d'eux voudrait maintenir ou créer, sur le territoire de l'autre, des

(1) Voir note à la page 64.

organes officiels pour s'occuper de l'exécution de l'Arrangement du 27 février 1922 (1). Il est entendu que ni cette restriction ni aucune autre analogue ne sauraient s'appliquer aux organismes consulaires, dont les droits et attributions doivent demeurer intacts, sans qu'il soit question d'y porter une atteinte quelconque par la voie du présent Protocole;

7. Le Gouvernement français proposera à l'acceptation de la Commission des Réparations le présent Protocole;

8. Les signatures du Ministre français des Régions Libérées et du Ministre allemand de la Reconstruction, apposées sur les deux exemplaires du présent Protocole, comporteront approbation par leurs Gouvernements respectifs des termes dudit Protocole, sous réserve, pour chacun d'eux, s'il le reconnaissait nécessaire, de le faire ratifier par le Parlement.

Signé : GILLET.
Dr RUPPEL.

DÉCISION DE LA COMMISSION DES RÉPARATIONS DU 31 MARS 1922

Le Protocole et le projet d'Accord sont approuvés sous réserve des modifications qu'il pourrait être nécessaire d'y apporter comme conséquence de modifications apportées aux documents auxquels ils se réfèrent.

(1) Voir note à la page 64.

ACCORD DU 6-9 JUIN 1922

ENTRE LE GOUVERNEMENT FRANÇAIS ET LE GOUVERNEMENT ALLEMAND

ARRANGEMENT

Le Gouvernement français et le Gouvernement allemand voulant mettre en concordance le texte de l'Accord conclu le 15 mars 1922 entre eux et celui de l'Arrangement signé le 2 juin 1922 entre la Commission des Réparations et le Gouvernement allemand, et désireux d'écarter tout malentendu éventuel, ont convenu et arrêté ce qui suit :

1° Dans l'Accord paraphé le 15 mars 1922, partout où il est question de l'Arrangement qu'ont paraphé le 27 février 1922, MM. Bemelmans et Cuntze, on doit entendre l'Arrangement qu'ils ont signé le 2 juin 1922.

2° La clause prévue à l'Arrangement du 2 juin 1922 (Article VIII, alinéas 3 et 4) et dont l'insertion dans les contrats ou avenants est obligatoire, doit, en ce qui concerne les contrats ou avenants conclus entre ressortissants français et allemands, être rédigée comme suit :

« De convention expresse entre les parties, les marchandises faisant l'objet du présent contrat sont destinées à être appliquées exclusivement à la reconstitution immobilière ou mobilière, dans toutes les Régions dévastées du territoire continental français ».

3° L'Accord du 15 mars 1922 ne visant que les sinistrés français, les dispositions de l'Arrangement du 2 juin 1922 qui se réfèrent à un payement partiel en espèces (Article VII et liste annexe « B ») ne trouvent leur application à l'égard des ressortissants français qu'en ce qui concerne les commandes pour lesquelles il serait établi qu'elles se rapportent à la reconstitution de stocks commerciaux.

4° Il est expressément entendu que les dispositions de l'Accord de Wiesbaden qui sont maintenues en vertu de l'Article II de l'Arrangement du 15 mars 1922 doivent s'entendre de toutes celles qui ne concernent pas la passation et l'exécution des commandes et la détermination des prix, et qu'elles comprennent par suite, en particulier, celles afférentes aux inscriptions à faire au crédit de l'Allemagne et celles insérées à l'article VII du Mémorandum de Wiesbaden du 6 octobre 1921.

5° Les signatures du Ministre français des Régions Libérées et du Ministre allemand de la Reconstruction apposées sur les deux exemplaires du présent avenant comporteront approbation par leurs Gouvernements respectifs des termes dudit avenant, sous réserve, pour chacun d'eux, s'il le reconnaissait nécessaire, de le faire ratifier par le Parlement.

En cas de divergence entre les textes français et allemand de l'Arrangement du 15 mars 1922 du présent avenant et des documents auxquels ils se réfèrent, c'est le texte français qui fera foi.

Le présent avenant a été paraphé en double, à Paris, le 3 juin 1922 par :

M. le Contrôleur GILLET,
Représentant le Gouvernement français,

M. le Geheimrat Dr RUPPEL,
Représentant le Gouvernement allemand.

Paraphé : GILLET.   Paraphé : RUPPEL.

Paris, le 9 juin 1922.
Le Ministre des Régions libérées,
Signé : Ch. REIBEL.

Berlin, le 6 juin 1922.

Le Ministre de la Reconstruction,
Signé : MULLER.

DÉCISION DE LA COMMISSION DES RÉPARATIONS DU 27 JUIN 1922

La Commission des Réparations approuve l'avenant du 6-9 juin 1922 à l'Arrangement du 15 Mars 1922 intervenu entre le Gouvernement français et le Gouvernement allemand, étant entendu que :

1° Les livraisons faites par l'Allemagne en vertu dudit Arrangement et en vertu de l'Accord de Wiesbaden, sont uniquement destinées à la reconstitution des Régions dévastées de la France;

2° Pour le calcul des débits à la France différés en vertu de l'Accord de Wiesbaden, appliqué conformément à l'Article IV de l'Arrangement financier du 11 mars 1922, il ne sera tenu compte que de la valeur des livraisons effectuées en vertu dudit Accord de Wiesbaden, de l'Arrangement du 15 mars 1922 et des Annexes III, V et VI (1), à l'exclusion de la valeur des livraisons effectuées en vertu de l'Annexe II (1).

(1) Traité de Versailles, Partie VIII.

ERRATUM AU VOLUME I

(État des obligations de l'Allemagne au 30 avril 1922)

Tableau IX, page 35 :

Col. de gauche, au lieu de : M.O. 136 496 millions,
lire : M.O. 133 496 millions.

Col. de droite, au lieu de :   11
164
26

lire :   11
164
36

TABLE DES MATIÈRES

Imprimerie de J. Dumoulin, à Paris. — 1106.10.22.